W0215149

Mona Binner
Luisa Marschall

Süße Überraschungen

Feinste Geschenke aus der Küche

Bassermann Inspiration

Inhalt

Verschenken Sie Liebe

Tagtäglich haben Luisa und ich in unserem Berufsalltag, wenn auch in unterschiedlicher Art und Weise, mit Essen zu tun. Neben dem verbindet uns auch die Leidenschaft, unseren Lieben – nicht nur zu besonderen Anlässen – Selbstgemachtes zu schenken oder mitzubringen.

Nichts ist schöner, als seine Kreativität und Liebe in Essbares zu verwandeln und somit ganz individuelle Geschenke anzufertigen – die lecker und ohne unerwünschte Zusatzstoffe sind! Mit Handgemachtem und liebevoll Verpacktem liegen wir nicht nur im Trend zum Selbermachen. Mit ihnen können wir zeigen, wie sehr uns der Beschenkte am Herzen liegt. Auch Goethe sagte schon: „Aber kein Genuss ist vorübergehend, denn der Eindruck, den er hinterlässt, ist bleibend."

Unter unseren Rezeptideen in diesem Buch finden Sie sicher zu jedem Anlass, ob Valentinstag, Sommerpicknick oder Hochzeit, die richtige Aufmerksamkeit, die oft auch eine willkommene Ergänzung für das süße Buffet ist.

Wir wünschen Ihnen viel Freude

Mona Binner Luisa Marschall

Man nehme

**Katharina Elisabeth Goethe,
1731–1808**

Man nehme 12 Monate,
putze sie ganz sauber von Bitterkeit,
Geiz, Pedanterie und Angst,
und zerlege jeden Monat in 30 oder 31 Teile,
so dass der Vorrat genau für ein Jahr reicht.
Es wird ein jeder Tag einzeln angerichtet
aus einem Teil Arbeit
und zwei Teilen Frohsinn und Humor.

Man füge drei gehäufte Esslöffel Optimismus hinzu,
einen Teelöffel Toleranz,
ein Körnchen Ironie und eine Prise Takt.
Dann wird das Ganze
sehr reichlich mit Liebe übergossen.

Das fertige Gericht schmücke man
mit einem Sträußchen kleiner
Aufmerksamkeiten
und serviere es täglich
mit Heiterkeit!

Frühling

Wir backen kleine Knusperhasen, genießen verführerische Erdbeerherzen und sitzen am Vatertag mit Stockbrot und Rhabarberlimo am Lagerfeuer.

MASON
JAR

Erdbeerzarte Frühlingsherzen

Ergibt ca. 30 Stück

Für den Mürbeteig

150 g Mehl
50 g Puderzucker
1 Prise Salz
70 g Butter

Für die Fruchtmasse

300 g Erdbeeren
200 g Rhabarber
150 ml Zitronensaft
300 g Zucker
100 g Butter
80 g Speisestärke
50 ml Wasser
6 Eigelbe

Ausserdem

Backblech
Backpapier
Backrahmen, 35 x 30 cm
Herzausstecher

Den Backofen auf 200 °C Ober- und Unterhitze (Umluft 180 °C) vorheizen.

Mehl, Puderzucker, Salz und Butter zu einem glatten Mürbeteig verkneten. Den Teig auf einem mit Backpapier belegten Blech ca. 35 x 30 cm groß ausrollen und einen Backrahmen daraufsetzen. Die Ränder des Teiges andrücken, damit später die Fruchtmasse nicht auslaufen kann. Den Teigboden mehrfach mit einer Gabel einstechen und ca. 10 Minuten backen.

Erdbeeren und Rhabarber waschen und das Grüne entfernen. Den Rhabarber schälen und klein schneiden. Rhabarber und Erdbeeren mit dem Zitronensaft pürieren. Das Fruchtpüree mit Zucker und Butter unter Rühren aufkochen. Die Speisestärke mit dem Wasser glatt rühren und zur kochenden Masse geben. Unter ständigem Rühren 1 Minute kochen lassen und vom Herd nehmen.

Den Backofen auf 180 °C Ober- und Unterhitze (Umluft 160 °C) stellen. Die Eigelbe mit etwas Fruchtmasse vermischen um die Temperatur anzugleichen, dann komplett unter die Masse rühren und alles gleichmäßig auf dem Mürbeteigboden verteilen, dann 20 Minuten backen.

Den Kuchen abkühlen lassen, mit einem Messer aus dem Backrahmen schneiden und Herzen ausstechen.

Mit Datum und Namen des Paares verziert, entsteht so ein schönes Geschenk zur Hochzeit.

RHABARBER
LIMONADE

Feine Rhabarberlimonade

Ergibt ca. 700 ml

Für die Limo

1 kg Rhabarber
400 ml trüber Apfelsaft
Mark 1 Vanilleschote
40 g brauner Zucker
1 Limette
50 ml Grenadinesirup
500 ml Sprudelwasser

Außerdem

verschließbare Flasche

Den Rhabarber waschen, schälen und klein schneiden. Mit Apfelsaft, Vanillemark und Zucker ca. 10 Minuten kochen lassen. Alles pürieren und anschließend portionsweise durch einen großen Papierfilter gießen (alternativ zuerst durch ein feines Sieb und dann durch einen Papierfilter gießen).

150 ml Saft abmessen. Die Limette auspressen und mit Saft, Grenadinesirup und Sprudelwasser aufgießen. Die Limonade in eine heiß ausgespülte, verschließbare Flasche füllen. Im Kühlschrank ist die Limonade etwa 3 Tage haltbar.

Das übrig gebliebenen Fruchtpüree kann man wunderbar als Mus für Eis, Kuchen oder Desserts verwenden.

Knusperhasen im Nest

Ergibt ca. 30 Stück

Für den Teig

30 g Puderzucker
50 g Butter
20 g Honig
1 Päckchen Vanillezucker
50 ml Eierlikör (nach Belieben)
1 Ei, Größe M
180 g Mehl
½ TL Backpulver

Für das Dekor

120 g Puderzucker
40 ml Eierlikör oder 20 ml Zitronensaft
Zuckerdekor

Ausserdem

Teigroller
Backblech
Backpapier
Ausstechformen „Hase"

Den Backofen auf 180 °C Ober- und Unterhitze (Umluft 160 °C) vorheizen.

Puderzucker, Butter, Honig, Vanillezucker, Eierlikör (kann auch weggelassen werden) und Ei in einer Schüssel zu einer glatten Masse verrühren. Mehl und Backpulver mischen, sieben und mit der Zucker-Butter-Masse verkneten.

Den Teig mit etwas Mehl ca. 3 mm dick ausrollen, Hasen ausstechen, auf ein mit Backpapier belegtes Blech legen und für 6 bis 8 Minuten backen.

Puderzucker und Eierlikör oder Saft verrühren, eventuell noch ein wenig Wasser hinzufügen. Nach dem Abkühlen die Hasen mit Guss und Zuckerdekor verzieren.

Zusammen mit einem selbst gebastelten
oder gekauften Nest verschenkt,
freuen sich Groß und Klein
gleichermaßen.

hand made

Minimuffins mit Möhre

Ergibt ca. 40 Stück

Für den Teig

200 g weiche Butter
100 g Zucker
1 Prise Salz
3 Eier, Größe M, zimmerwarm
80 g gemahlene Mandeln
150 g Mehl
3 TL Backpulver
½ TL geriebene Muskatnuss
½ TL Zimt
20 g Kokosraspel
Mark von 2 Vanilleschoten
200 g geriebene Möhren
10 ml (2 EL) Apfelsaft
1 Apfel

Für das Dekor

100 g Puderzucker
1 EL Apfelsaft
evtl. Zuckereier

Ausserdem

Backform für Minimuffins
40 Papierförmchen

Alle Zutaten für den Teig sollten Zimmertemperatur haben. Den Backofen auf 180 °C Ober- und Unterhitze (Umluft 160 °C) vorheizen.

Butter mit Zucker und Salz schaumig rühren. Die Eier nach und nach unter die Butter rühren. Mandeln, Mehl, Backpulver, Muskatnuss, Zimt, Kokosraspel und Vanillemark zügig unter die Eiermasse rühren.

Die geriebenen Möhren mit dem Apfelsaft pürieren. Den Apfel schälen, entkernen, in kleine Würfel schneiden, mit den pürierten Karotten mischen und dann unter den Teig heben.

Die Papierförmchen in die Mulden der Backform setzen, die Masse in die Formen füllen und 10 Minuten backen.

Die Muffins abkühlen lassen und aus der Form nehmen. Für das Dekor Puderzucker mit Apfelsaft verrühren und auf jeden abgekühlten Muffin einen Klecks geben. Nach Belieben noch mit Zuckereiern verzieren.

Norddeutscher Eierlikör

Ergibt ca. 500 ml

Für den Likör

200 g Sahne
100 g Puderzucker
4 Eigelbe
1 Päckchen Vanillezucker
100 ml Korn

Die Sahne mit 1 TL Puderzucker schlagen. In einer zweiten Schüssel Eigelbe, Vanillezucker und den restlichen Puderzucker mindestens 10 Minuten cremig schlagen, dann die Schlagsahne unterheben, den Korn hinzufügen und alles verrühren.

Den fertigen Likör in eine heiß ausgespülte, verschließbare Flasche abfüllen und gekühlt aufbewahren. Dieser traumhaft leckere Likör hält sich im Kühlschrank 1 Woche.

Ausserdem

verschließbare Flasche

Für doppelte Freude:
Verschenken Sie das Rezept
für den Eierlikör gleich mit.

Eierlikörpralinen

Ergibt ca. 30 Stück

Für den Schokoladenkern

200 g weiße Kuvertüre
20 g Butter
50 g gemahlene Mandeln
100 ml Eierlikör

Die Kuvertüre mit der Butter in einer Schüssel auf einem Wasserbad langsam schmelzen lassen. Dann die Mandeln unterheben und den Eierlikör unterrühren. Die Schokoladenmasse über Nacht erkalten lassen.

Mit Hilfe eines Teelöffels kleine Mengen abstechen und zu Eiern formen. Die Eier anschließend in den gemahlenen Mandeln wälzen. Bewahren Sie diese feine Nascherei kühl auf. So halten sich die Pralinen ungefähr 1 Woche.

Für die Umhüllung

50 g gemahlene Mandeln

Zum Verschenken einfach einen alten Eierkarton bemalen und mit Eierschalen dekorieren.

Karotten-Ingwer-Kuchen im Glas

Ergibt 8 Gläser

Für den Teig

150 g zarte Haferflocken
200 g Butter
180 g brauner Zucker
1 Päckchen Vanillezucker
4 Eier, Größe M
200 g Mehl
150 g gemahlene Mandeln
1 Prise Salz
1 TL Backpulver
1 Bio-Zitrone
300 g geriebene Karotten
1-2 TL geriebener Ingwer

Außerdem

8 Weckgläser à 250 ml

Den Backofen auf 180 °C Ober- und Unterhitze (Umluft 160 °C) vorheizen. Die Haferflocken in einer Pfanne mit wenig Butter rösten.

Die restliche Butter mit Zucker und Vanillezucker schaumig rühren. Die Eier nach und nach unterrühren und cremig schlagen. Mehl, Mandeln, Salz und Backpulver vermischen und unterrühren.

Die Schale der Zitrone abreiben, den Saft auspressen. Geriebene Karotten, Ingwer, ½ TL Zitronenschale und den Zitronensaft vermischen und unter den Teig heben. Zum Schluss die gerösteten Haferflocken einrühren.

Die Weckgläser zu ca. ⅔ mit dem Teig füllen und ohne Deckel 40 bis 50 Minuten backen. Nach dem Backen werden die heißen Gläser verschlossen, damit die Kuchen länger halten. So schmeckt der Kuchen gekühlt gelagert auch noch nach 4 Wochen gut.

Ich fette die Gläser nicht ein, da ich die Kuchen immer direkt daraus esse. Luisa

LECKER

Um Fingerabdrücke auf der Schokolade zu vermeiden, sollten Sie die Eier nur mit Stoffhandschuhen anfassen.

Überraschungseier

Ergibt ca. 6 Stück

Für die Eier

300 g Zartbitter- oder Vollmilchkuvertüre

Für das Dekor

20 g weiße Kuvertüre

Außerdem

Ei-Gießformen oder eiförmige Kunststoffverpackungen
Küchenthermometer
Backpinsel
dünne Baumwollhandschuhe
Spritzbeutel mit kleiner Tülle

Die Eierformen mit einem Geschirr- oder Papiertuch kurz polieren, um Staubteilchen zu entfernen. Die Kuvertüren für die Eier und das Dekor fein hacken und zunächst die Kuvertüre für das Ei nach der Anleitung auf Seite 132 temperieren.

Jede Hälfte der Eiformen mit einer Schicht Kuvertüre auspinseln und 10 Minuten in den Kühlschrank stellen. Den Vorgang dreimal wiederholen. Es muss noch etwas Kuvertüre zum Kleben der Eier übrig bleiben.

Die Eihälften vorsichtig aus den Formen lösen und die überstehende Schokolade am Rand mit einem scharfen Messer wegschneiden. Eine kleine Überraschung ins Ei legen, zum Beispiel ein kleines Geschenk oder eine schöne Nachricht.

Die Ränder mit der restlichen Kuvertüre bepinseln und vorsichtig zwei Hälften zu einem Ei zusammensetzen. Die Eier wieder in die Form legen und für 10 bis 15 Minuten in den Kühlschrank stellen, bis die Schokolade gehärtet ist und die Hälften gut zusammenhalten. Die Eier vorsichtig aus der Form nehmen.

Nun für das Dekor die weiße Kuvertüre nach der Anleitung von Seite 132 schmelzen, und mit Hilfe eines Spritzbeutels mit kleiner Tülle die Eier verzieren.

*Meine Mutter liebt Mohn,
deshalb habe ich dieses Rezept ausgesucht.
Auf dem Foto sind meine und
Monas Mütter zu sehen.* Luisa

Für das Dekor

150 g Puderzucker
30 ml (3 EL) Orangensaft
1 EL Orangenlikör
Zuckerperlen

Mohnhappen mit Orangen-Nuss-Füllung

Ergibt ca. 30 Stück

Für den Teig Butter, Puderzucker, Salz, Vanillemark und Ei cremig schlagen. Mehl, Backpulver und Mohn dazugeben und alles zu einem glatten Teig verkneten. Den Teig in Klarsichtfolie wickeln und für mindestens 30 Minuten in den Kühlschrank stellen.

Den Backofen auf 200 °C Ober- und Unterhitze (Umluft 180 °C) vorheizen. Für die Füllung die Orangen heiß abspülen, trocken reiben und die Schale dünn abreiben. Orangen auspressen und 100 ml Saft abmessen. Mandeln, Walnüsse, Orangensaft, Orangenschale, Zucker und Orangenlikör verrühren. Die Füllung bis zum Gebrauch kalt stellen.

Den Teig in 2 Portionen teilen und beide auf wenig Mehl zu einem Rechteck in Backblechgröße ausrollen. Einen Teig auf das mit Backpapier ausgelegte Backblech legen und einen rechteckigen Backrahmen darauf setzen. Die Füllung gleichmäßig auf dem Teig verstreichen. Den zweiten Teig auf die Füllung legen, leicht andrücken und den Kuchen 15 bis 20 Minuten backen.

Für die Glasur den Puderzucker mit Orangensaft und Orangenlikör zu einem glatten Guss verrühren. Den Mohnkuchen ganz abkühlen lassen, dann Schmetterlinge (oder Herzen etc.) ausstechen und mit dem Zuckerguss bestreichen. Je nach gewünschter Dicke wiederholen und noch feucht mit Zuckerperlen bestreuen.

Für den Teig

130 g weiche Butter
80 g Puderzucker
1 Prise Salz
Mark von 1 Vanilleschote
1 Ei, Größe M
250 g Mehl
1 TL Backpulver
150 g backfertiger Mohn

Für die Füllung

2 Bio-Orangen
150 g gemahlene Mandeln
100 g gehackte Walnüsse
80 g Zucker
30 ml (3 EL) Orangenlikör

Ausserdem

Backblech mit -papier
Backrahmen in Blechgröße
Ausstecher

Vatertagsbrot mit würzigem Dip

Ergibt 6 Brote

Alle Zutaten für den Teig glatt verkneten und zugedeckt an einem warmen Ort ca. 40 Minuten gehen lassen. Auf einer bemehlten Fläche nochmals mit den Händen gut durchkneten und in 6 gleich große Stücke teilen und zu langen Teigsträngen von 20 cm Länge formen.

Für die Zubereitung über einem Feuer werden die Stöcke an einem Ende mit Alufolie umwickelt und die Teigstränge um die Folie gewickelt. Die Stöcke über das Feuer halten und die Teigstücke langsam rösten. Dabei den Stock ab und zu drehen.

Sie können die Brote auch im Ofen backen. Heizen Sie den Backofen auf 200 °C Ober- und Unterhitze (Umluft 180 °C) vor. Legen Sie die Teigstränge auf ein mit Backpapier ausgelegtes Backblech und backen Sie sie ca. 20 bis 30 Minuten goldbraun.

Für den Dip den Knoblauch schälen, Mozzarella und Paprika grob schneiden und mit Frischkäse, Knoblauch und Basilikum pürieren, mit Salz und Pfeffer abschmecken.

Für den Teig

250 g Mehl
½ TL Salz
25 g frische Hefe
150 ml Wasser
30 g flüssiger Honig
1 TL getrockneter Oregano
30 g geriebener Parmesan
40 ml (ca. 7 EL) Olivenöl

Ausserdem

evtl. 6 Stöcke à ca. 80 cm

Mein Vater liebt die Natur und will deswegen den Vatertag mit uns Kindern immer draußen verbringen. Da ist das gemeinsame Sitzen am Lagerfeuer und Stockbrot-Rösten genau das Richtige. Luisa

Für den Dip

1 Knoblauchzehe
250 g Mozzarella
1 Paprika
200 g Frischkäse mit
Kräutern oder Paprika
10 Blätter Basilikum
Salz und Pfeffer

Diese hübschen Cupcakes von Luisa habe ich zur Hochzeit eines guten Freundes gemacht. Mona

Auf dem Foto unten sind Luisas und meine Großeltern zu sehen.

Cupcakes mit Holunderblüte

Ergibt ca. 12 Stück

Für den Teig

100 g weiche Butter
50 g Puderzucker
1 Prise Salz
2 Eier, Größe M, zimmerwarm
100 g Joghurt, zimmerwarm
Mark 1 Vanilleschote
150 g Mehl
50 g Speisestärke
2 TL Backpulver
50 ml Holunderblütensirup

Ausserdem

12er Muffinbackform
12 Papierförmchen
Spritzbeutel mit großer Stern- oder Lochtülle

Für das Topping

100 g Sahne
100 g Puderzucker
300 g Frischkäse
180 g Mascarpone
1 Tropfen rote Lebensmittelfarbe
40 ml (4 EL) Holunderblütensirup
Zuckerfiguren

Den Backofen auf 200 °C Ober- und Unterhitze (Umluft 180 °C) vorheizen. Alle Zutaten für den Teig sollten Zimmertemperatur haben.

Die Butter mit Puderzucker und Salz schaumig rühren. Die Eier nach und nach unter die Butter schlagen. Joghurt und Vanillemark hinzugeben. Mehl, Speisestärke und Backpulver zügig unter die Masse rühren und mit Holunderblütensirup verfeinern.

Die Papierförmchen in die Mulden der Backform setzen und die Masse einfüllen. Die Muffins 20 Minuten backen, danach vollständig auskühlen lassen.

Die Sahne mit 60 g vom Puderzucker aufschlagen. Frischkäse, Mascarpone, den restlichen Puderzucker, Lebensmittelfarbe und Sirup vermischen und unter die Sahne ziehen. Mit einem Spritzbeutel die ausgekühlten Muffins verzieren und die Creme mit Zuckerfiguren dekorieren.

Erdbeer-Sekt-Konfitüre

Ergibt ca. 250 bis 350 ml

Für die Konfitüre

300 g Erdbeeren
200 g Gelierzucker 2:1
Mark ½ Vanilleschote
1 EL Limettensaft
100 ml trockener Sekt

Die Erdbeeren putzen, in kleine Würfel schneiden, mit dem Gelierzucker vermischen und unter ständigem Rühren 4 Minuten kochen lassen.

Vanillemark, Limettensaft und Sekt unterrühren. Noch einmal 1 Minute unter Rühren kochen lassen. Danach sofort randvoll in ein heiß ausgespültes Glas füllen, dieses fest verschließen und 5 Minuten auf den Deckel gewendet stehen lassen, damit sich die Erdbeerstückchen gut verteilen.

Ausserdem

Glas mit Schraubdeckel

Auch aus Papierservietten oder Stoffresten lassen sich hübsche Häubchen für das Glas herstellen.

Edler Erdbeerlimes

Ergibt ca. 850 ml

Für den Limes

380 g Erdbeeren
150 g Zucker
100 ml Wasser
150 ml Zitronensaft
(am besten Konzentrat)
220 ml Wodka
30 ml Kokossirup

Die Erdbeeren waschen, abtropfen lassen, das Grüne entfernen und die Beeren pürieren. Das Püree mit Zucker und Wasser unter ständigem Rühren aufkochen und 2 bis 3 Minuten kochen lassen.

Nach dem Abkühlen die restlichen Zutaten hinzugeben, vermischen und den fertigen Erdbeerlimes in verschließbare Flaschen füllen. Hält sich im Kühlschrank 4 Wochen.

Ausserdem

Flaschen mit Schraubverschluss

Sommer

Wir genießen köstliches Pfirsichparfait,
verwöhnen die Freunde mit himbeerfruchtigem
Cheesecake und basteln eine kleine
Überraschung für den ersten Schultag.

Cremiger Himbeer-Cheesecake

Ergibt ca. 12 Stücke

Den Backofen auf 200 °C Ober- und Unterhitze (Umluft 180 °C) vorheizen. Für den Mürbeteig die Zutaten zu einem glatten Teig verkneten, eine Springform damit auslegen (etwas rohen Mürbeteig beiseitelegen) und einen hellen Kuchenboden backen, das dauert ca. 10 Minuten.

Für die Quarkmasse die Eier trennen und das Eiweiß mit 125 g Zucker steif schlagen. Eigelbe, Quark, restlichen Zucker und Puddingpulver vermischen.

Die Springform unten mit dem restlichen rohen Mürbeteig abdichten. Die Quarkmasse in den Eischnee heben, die Masse in die Springform füllen und bei 200 °C Ober- und Unterhitze (Umluft 180 °C) backen. Nach 15 Minuten die Form aus dem Ofen nehmen, mit einem Messer den Kuchen vom Rand lösen, dann weitere 15 Minuten backen, danach den Kuchen für 15 Minuten aus dem Ofen nehmen und abkühlen und sich senken lassen, dann noch einmal 15 Minuten backen.

Den Kuchen nach den drei Backgängen aus dem Ofen nehmen, mit Frischhaltefolie abdecken und mindestens 5 Stunden, am besten über Nacht, kalt stellen.

Für die Fruchtschicht die Stärke mit 2 EL kaltem Wasser glatt rühren. Die Beeren mit Puderzucker aufkochen, die angerührte Stärke hinzufügen und unter Rühren mindestens 1 Minute kochen lassen, dann abkühlen. Die Fruchtmasse auf dem Kuchen verteilen und den Kuchen ca. 1 Stunde kalt stellen, dann aus der Springform nehmen.

Für den Mürbeteig

30 g Zucker
60 g kalte Butter
90 g Mehl

Für die Quarkmasse

5 Eier, Größe M
250 g Zucker
1 kg Quark, 40 % Fett i.Tr.
80 g Vanillepuddingpulver

Für die Fruchtschicht

2 EL Speisestärke
370 g Himbeeren, geputzt
100 g Puderzucker

Außerdem

Springform oder Backring, 26 cm Durchmesser

*Ob zum Geburtstag, fürs Sommerpicknick
oder einfach nur so: Dieser Cheesecake
ist immer als erstes weg.*

Dieses köstliche Parfait eignet sich zum Mitnehmen nur für die Party beim Nachbarn, da es leider schnell schmilzt. Die passenden Eiswaffeln finden Sie auf der nächsten Seite.

Sahnig-zartes Pfirsich-Parfait

Ergibt ca. 2 Liter

Die Gelatine in kaltem Wasser einweichen. 150 g Pfirsiche, Joghurt und 100 g Zucker pürieren. Den Pfirsichlikör unterrühren.

Die restlichen Pfirsiche klein würfeln. Die Sahne mit dem restlichen Zucker aufschlagen.

Gelatine ausdrücken und über einem Wasserbad schmelzen, dann mit der Pfirsich-Joghurt-Masse vermischen und zusammen mit den gewürfelten Pfirsichen unter die geschlagene Sahne heben. Das Eigelb aufschlagen und unter die Masse heben. Das Parfait in eine gefrierfähige Auflaufform füllen und ca. 4 Stunden gefrieren lassen (Parfait muss, anders als Eiscreme, während des Gefrierens nicht gerührt werden). Angetautes Parfait sollte nicht wieder eingefroren werden.

Für das Parfait

3 Blatt Gelatine
250 g geschälte Pfirsiche ohne Kern (ersatzweise Dosenpfirsiche)
140 g Joghurt
140 g Zucker
2 EL Pfirsichlikör (alternativ Orangenlikör oder Pfirsichsaft)
400 g Sahne
100 g Eigelb

Außerdem

Auflaufform, ca. 20 x 25 cm

Knusprige Eiswaffeln

Ergibt ca. 10 Stück

Das Eiweiß mit Zucker zu einem leichten Schaum schlagen. Mandeln, Mehl und Zitronenschale unter den Eischnee heben.

Zubereitung im Waffeleisen: Den Teig in ein Eiswaffeleisen geben und goldbraun backen, noch warm auf ein Waffelholz aufdrehen und abkühlen lassen.

Alternativ können Sie die Waffeln auch im Ofen backen: Den Backofen auf 220 °C Ober- und Unterhitze (Umluft 200 °C) vorheizen. Den Teig auf ein mit Backpapier belegtes Backblech in dünnen Scheiben von ca. 8 cm Durchmesser aufstreichen und 15 Minuten backen. Die Waffeln noch warm in Form bringen und abkühlen lassen.

Für das Dekor den Puderzucker mit Zitronensaft zu einem glatten Guss verrühren. Die Waffeln ca. 1 cm tief in den Guss eintauchen und mit Zuckerdekor verzieren. Die Waffeln möglichst sofort verzehren, denn dann sind sie am knusprigsten. In einer luftdichten verschlossenen Dose bleiben sie 3 bis 4 Tage frisch.

Für die Waffeln

4 Eiweiß
90 g Zucker
60 g gemahlene Mandeln
30 g Mehl
½ TL abgeriebene Zitronenschale

Für das Dekor

100 g Puderzucker
1 EL Zitronensaft
Zuckerstreusel oder -perlen

Ausserdem

Eiswaffeleisen oder Backblech
Backpapier
Waffelholz oder kegelförmigen Gegenstand, zum Beispiel ein Kelchglas

Eiswaffeln eignen sich toll als Gutschein zum Eisessen oder auch als essbare Verpackung für Pralinen oder andere kleine Geschenke.

Eine leckere Vitaminbombe. Und schöne Pappbecher sind nicht nur hierfür eine wunderbare Verpackung.

Fruchtige Energiestäbchen

Ergibt ca. 20 bis 25 Stück

Für die Füllung

300 g gemischte Trockenfrüchte
60 g Honig
Mark von 1 Vanilleschote
50 ml frisch gepresster Orangensaft
1 TL abgeriebene Orangenschale
25 g gehackte Nüsse
25 g gemahlene Nüsse

Die Hälfte der Trockenfrüchte fein hacken. Die andere Hälfte mit Honig, Vanillemark, Orangensaft und -schale pürieren. Beides mischen.

Die Nüsse zugeben und alles zu einer streichfähigen Masse verrühren. Die Hälfte der Masse auf eine Oblate streichen und mit einer weiteren Oblate abdecken. Dasselbe mit der zweiten Hälfte der Fruchtmasse machen.

Die Schnitten mit einem massiven Holzbrett beschweren und über Nacht ziehen lassen. Am nächsten Tag die Oblaten noch einmal fest andrücken und in ca. 1,5 bis 2 cm breite Stäbchen schneiden. Die Fruchtstäbchen sind im Kühlschrank 4 Wochen haltbar.

Für den Halt

4 rechteckige Oblaten (115 x 220 mm)

Maracujapralinen

Ergibt ca. 60 bis 70 Stück

Für die Füllung

75 g Sahne
120 g Passionsfruchtpüree (Bioladen oder Internet)
375 g weiße Kuvertüre, in kleinen Stücken

Die Sahne mit dem Fruchtpüree aufkochen, vom Herd nehmen und die weiße Kuvertüre darin unter Rühren auflösen. Die Masse auf 25 °C herunterkühlen und mit Hilfe eines Spritzbeutels mit Lochtüllen in die Hohlkugeln füllen.

Die Zartbitterkuvertüre nach der Anleitung auf Seite 132 temperieren. Aus Backpapier eine kleine Tüte formen, etwas von der Kuvertüre hineingeben und die Löcher der Schokokugeln damit verschließen.

Nach dem Aushärten der Pralinen die restliche Kuvertüre wieder nach Anleitung auf Seite 132 temperieren (wenn sie noch flüssig genug ist, kann sie so verwendet werden). Die Pralinen mit einer Gabel hineintauchen (ich überziehe die Hohlkörper am liebsten mit den Händen – dafür verteile ich die Kuvertüre in den Handflächen und rolle die Pralinen darin). Danach gleich in Kokosraspel wälzen.

Für die Umhüllung

ca. 60 bis 70 Pralinenhohlkugeln aus Zartbitterschokolade, 2,5 cm Durchmesser (Internet)
200 g Zartbitterkuvertüre
50 g Kokosraspel

Ausserdem

Küchenthermometer
Spritzbeutel mit Lochtülle
Backpapier

Dieser Cocktail ist nach dem Spitznamen einer tollen Freundin benannt, die ihn auch kreiert hat.

Meme-Spezial-Cocktail

Ergibt 1 Glas

Für den Cocktail

- 4 cl Wodka
- 2 cl Lime Juice
- 3 Minzestängel
- ¼ Bio-Limette
- 4 Eiswürfel
- 200 ml Mineralwasser

Wodka mit Lime Juice und 3 zerdrückten Minzeblättern gut vermischen. Das Limettenviertel mit Schale in einem Glas leicht zerdrücken. Eiswürfel ins Glas geben, die Wodka-Mischung einfüllen und mit Mineralwasser auffüllen. Mit Minzestängeln und Strohhalm servieren.

Bei späterem Verzehr alles ohne Eiswürfel und Minze in kleine Flaschen füllen und im Nachhinein die übrigen Zutaten mit in das Glas geben. Oder einfach die Zutaten mit Rezept verschenken.

Außerdem

- Strohhalme

Buchstabenkekse

Ergibt ca. 30 Stück

Für den Teig

30 g Puderzucker
50 g Butter
15 g Honig
1 Ei, Größe M
150 g Mehl
30 g gemahlene Mandeln
Mark von 1 Vanilleschote

Für das Dekor

200 g Puderzucker
2 EL Zitronensaft
evtl. Lebensmittelfarbe
Zuckerdekor, Smarties

Den Backofen auf 220 °C Ober- und Unterhitze (Umluft 200 °C) vorheizen. Puderzucker, Butter, Honig und Ei zu einer glatten Masse verarbeiten. Das Mehl sieben, mit den Mandeln und dem Vanillemark zur Zucker-Butter-Masse geben und alles gut miteinander verkneten.

Den Teig auf der bemehlten Arbeitsfläche ca. 3 mm dick ausrollen, Buchstaben ausstechen, auf ein mit Backpapier belegtes Backblech legen und 6 bis 10 Minuten backen.

Puderzucker und Zitronensaft verrühren, gegebenenfalls ein wenig Wasser hinzufügen und nach Wunsch mit Lebensmittelfarbe färben. Die Buchstaben nach dem Abkühlen mit Guss, Zuckerdekor und Smarties verzieren.

Ausserdem

Buchstabenausstecher
Backblech
Backpapier

Klasse
1 b

*Das beste Getränk
nach einem Bade- und Saunatag:
erfrischend, lecker
und voller Vitamine.*

Brombeersmoothie

Ergibt ca. 400 ml

Für den Smoothie

250 g Brombeeren
50 g Joghurt
1 TL Vanillezucker
20 g Honig

Ausserdem

verschließbare Flaschen

Die Brombeeren pürieren und durch ein feines Sieb drücken, um die Kernchen zu entfernen.

Das Brombeermus mit den übrigen Zutaten pürieren und in kleine Flaschen füllen. Im Kühlschrank aufbewahren und spätestens am nächsten Tag auf Eis gegossen genießen.

Buntes Obst-Sushi

Ergibt 12 Stück

Für den Reis

200 g Sushi-Reis
1 Prise Salz
2 EL Limettensaft
80 g Zucker
100 g geschälte Sesamsamen

Für die Füllung

1 Kiwi
1 kleine Melone
1 kleine Ananas

Für den Dip

150 g Maracuja
30 g Puderzucker

Den Reis mit lauwarmem Wasser waschen, bis das Wasser klar bleibt. In einem Sieb abtropfen lassen, mit 300 ml Wasser und Salz zugedeckt bei starker Hitze aufkochen und ca. 2 Minuten kochen lassen. Vom Herd nehmen und ca. 20 Minuten quellen lassen.

Den Reis in eine Schüssel füllen, vorsichtig auflockern und etwas abkühlen lassen. Limettensaft mit Zucker verrühren und erwärmen bis der Zucker gelöst ist. Leicht abgekühlt über den lauwarmen Reis träufeln, untermischen und alles abkühlen lassen. Sesam ohne Fett in der Pfanne goldgelb anrösten.

Kiwi, Melone und Ananas schälen, bei der Ananas den Strunk entfernen. Das Obst in kleine Streifen schneiden.

Eine Bastmatte oder ein Küchentuch mit Frischhaltefolie bedecken. Darauf die Hälfte vom Reis zu einer rechteckigen Fläche (ca. 12 x 26 cm) verteilen. Die Hälfte der Fruchtstreifen auf den Reis geben. Von der schmalen Seite der Fläche mithilfe der Folie aufrollen. Den Arbeitsschritt mit den restlichen Zutaten wiederholen. Die Rollen kühl stellen.

Für den Dip das Maracujafruchtfleisch mit dem Puderzucker pürieren. Die gekühlten Rollen mit Sesam bestreuen, jeweils in 6 Stücke schneiden und mit dem Dip servieren.

Zu dieser Sushi-Spezialität schmeckt auch das Rhabarberpüree von Seite 17 sehr gut.

AUSSERDEM

Küchentuch oder Sushimatte
Frischhaltefolie

Gut verpackt sollte dieser Eistee bei keinem Picknick fehlen. Vor dem Genießen aber nicht vergessen, den Tee noch einmal kräftig zu schütteln.

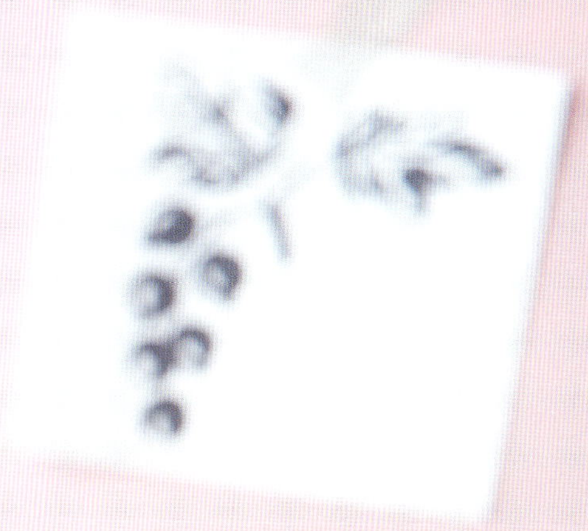

Eistee mit Johannisbeermus

Ergibt ca. 1 ½ Liter

Die Teebeutel mit 1250 ml 75 °C heißem Wasser aufgießen und den Tee 2 bis 3 Minuten ziehen lassen, die Teebeutel entfernen und den Tee kalt stellen.

Die Johannisbeeren waschen und trocken tupfen. Die Beeren mit einer Gabel von den Stielen abzupfen, pürieren und durch ein Sieb streichen.

Johannisbeermus und Holundersirup in den kalten Tee rühren und den Eistee kalt stellen. Den Tee im Glas mit einer Johannisbeerrispe dekorieren und mit Eiswürfeln servieren.

Für den Tee

5 Teebeutel weißer Tee
250 g rote Johannisbeeren
100 ml Holunderblütensirup

Ausserdem

Eiswürfel zum Servieren

Zitronenfrische Cake Pops

Ergibt 8 Stück

Für die Cape Pops

12 Zitronenkekse (ca. 170 g)
40 g Frischkäse
2 EL Limettensirup
300 g Candy Melts (Internet, alternativ temperierte weiße Kuvertüre, siehe Seite 132)
1 TL Kakaobutter oder Kokosfett

Die Kekse fein zerkleinern und mit Frischkäse und Sirup pürieren. Die Masse sollte sich gut zu Kugeln formen lassen und nicht auseinander fallen (evtl. noch etwas Frischkäse oder Kekskrümel zugeben, falls die Konsistenz nicht stimmt). Die Kugeln in den Kühlschrank stellen.

Währenddessen die Candy Melts wie auf der Verpackung beschrieben mit der Kakaobutter zu einer Glasur schmelzen und glatt rühren. (Candy Melts sind kleine Drops, die geschmolzen als Glasur verwendet werden. Das Besondere an dieser schokoladenähnlichen Masse ist ihr toller Glanz.)

Die Äste 1 bis 2 cm tief in die Candy Melts-Glasur hineintunken und danach in die Kugeln stecken. Die Glasur „klebt" die Cake Pops an den Ästen fest, also ein bisschen warten, bis die Glasur fest geworden ist.

Wenn die Kugeln fest an den Ästen kleben, werden die Kugeln vorsichtig in die Glasur getaucht und mit Zuckerperlen verziert. Bewahren Sie die Cake Pops gekühlt auf, sie halten im Kühlschrank ca. 2 Tage.

*Cake Pops sind eine tolle, kleine Leckerei.
Ich habe diese für ein hübsches Candy Buffet
zur Hochzeit eines guten Freundes verschenkt.* Mona

Ausserdem

- ca. 8 gesäuberte kleine Äste oder Lollie-Stiele
- Zuckerperlen

Gefüllte Kirsch-Kokos-Cupcakes

Ergibt ca. 12 Stück

Den Backofen auf 200 °C Ober- und Unterhitze (Umluft 180 °C) vorheizen. Die Papierförmchen in die Mulden der Muffinsform setzen.

Für den Teig Butter und Puderzucker cremig rühren. Die Eier nach und nach unterschlagen. Das Mehl mit Speisestärke, Vanillezucker, Kokosraspel und Backpulver vermischen. Die Mehlmischung abwechselnd mit der Milch nach und nach unter den Teig rühren. Den Teig in die Papierförmchen füllen und die Cupcakes 15 bis 20 Minuten backen.

Die Cupcakes in der Form abkühlen lassen. Für die Füllung die Gelatine in kaltem Wasser einweichen. Die Kirschen entkernen, halbieren und mit 50 ml Saft und Zucker zum Kochen bringen. Die Speisestärke im restlichen Saft auflösen und in die kochenden Kirschen rühren. Alles noch einmal unter Rühren aufkochen, die Gelatine ausdrücken und in der kochenden Masse auflösen. Die Kirschmasse etwas abkühlen lassen.

Die Cupcakes aus der Form lösen, das Papier entfernen und die Kuchen waagerecht halbieren. Etwas Kirschmasse auf die unteren Hälften verteilen und die oberen Teile der Cupcakes als Deckel wieder daraufsetzen.

Für das Topping den Puderzucker mit der weichen Butter und dem Sirup cremig schlagen, Frischkäse und Kokosraspel unterziehen. Das Topping mit einem Spritzbeutel und großer Sterntülle auf den Cupcakes verteilen und mit Kokoschips verzieren.

Für den Teig

100 g weiche Butter
100 g Puderzucker
2 Eier, Größe M
100 g Mehl
50 g Speisestärke
1 Päckchen Vanillezucker
50 g Kokosraspel
2 TL Backpulver
100 ml Milch

Für das Topping

100 g Puderzucker
200 g weiche Butter
80 ml Kokossirup
400 g Frischkäse
60 g Kokosraspel
30 g Kokoschips

Für die Füllung

- 2 Blatt Gelatine
- 150 g Kirschen
- 100 ml Kirschsaft
- 2 EL Zucker
- 20 g Speisestärke

Außerdem

- Muffins-Backform
- Papierförmchen
- Spritzbeutel mit großer Sterntülle

Verführerische Macarons

Ergibt ca. 40 Stück

Für die Masse Eiweiß mit Salz anschlagen. Den Puderzucker nach und nach zugeben und den Eischnee sehr steif schlagen. Mandeln, Speisefarbe und Sirup vorsichtig unter den Eischnee heben.

Den Backofen auf 100 °C Ober- und Unterhitze (Umluft 80 °C) vorheizen. Mit einem Spritzbeutel mit Lochtülle die Baisermasse zu 80 gleich großen Tupfen auf mit Backpapier belegte Backbleche spritzen.

Die Macaronschalen 15 bis 20 Minuten im Backofen trocknen, dann den Ofen auf 200 °C Ober- und Unterhitze hochschalten (Umluft 180 °C) und sie noch weitere 6 bis 8 Minuten backen.

Die Macaronschalen auf dem Blech abkühlen lassen. Für die Füllung die Butter mit Puderzucker und Sirup schaumig schlagen. Die Füllung mit einem Spritzbeutel mit Lochtülle als dicke Tupfen auf die flache Seiten von 40 Macaronschalen spritzen. Eine zweiten Macaronschale mit der flachen Seite daraufsetzen und leicht andrücken. Die fertigen Macarons kühl aufbewahren und möglichst frisch verzehren.

Für die Masse

2 Eiweiß
1 Prise Salz
150 g Puderzucker
120 g geschälte, gemahlene Mandeln
3 Tropfen rote Speisefarbe
1 EL Grenadinesirup

Für die Füllung

120 g weiche Butter
100 g Puderzucker
5 EL Grenadinesirup

Ausserdem

Spritzbeutel mit Lochtülle
Backblech
Backpapier

Alte Schachtel lassen sich wunderbar
mit Acrylfarbe bemalen.
Zusammen mit einem Spitzenband
wird daraus schnell eine hübsche Verpackung.

Mango-Lassi

Ergibt ca. 500 ml

Die Mango schälen, würfeln und mit allen anderen Zutaten fein pürieren. Bei frischen Mangos braucht man meist mehr Zucker als bei dem Mangomus, deswegen mit dem Zucker abschmecken. Im Kühlschrank lässt sich Mango-Lassi maximal 2 Tage aufbewahren.

Für die Lassi

200 g reife Mango
oder 130 g Mangomus
(Bio- oder India-Shop)
1 ½ -4 TL Zucker
250 g Joghurt
130 ml Milch

*Dieses feine Getränk
habe ich in Indien kennen-
und liebengelernt.* Luisa

Himmlische Karamell-Cookies

Ergibt ca. 15 Stück

Für die Cookies

100 g Butter
60 g brauner Zucker
1 Prise Salz
1 Ei, Größe M
150 g Mehl
30 g feine Haferflocken
1 TL Backpulver
30 g Kakaopulver
150 g weiche Karamellbonbons

Den Backofen auf 200 °C Ober- und Unterhitze vorheizen (Umluft 180 °C). Die Butter mit Zucker und Salz schaumig schlagen und das Ei dazugeben. Mehl, Haferflocken, Backpulver und Kakaopulver unter die Buttermasse rühren.

Die Karamellbonbons klein würfeln und vorsichtig unter den Teig kneten. Mit der Hand ca. 4 cm große Kugeln formen, und sie mit etwas Abstand zueinander auf das mit Backpapier belegte Backblech legen und leicht andrücken. Die Cookies ca. 12 Minuten backen, bis sie appetitlich braun sind. Abkühlen lassen und vom Papier lösen.

Außerdem

Backblech
Backpapier

Super-
Freundin

Herbst

Inspiriert vom Münchner Oktoberfest backen
wir Brezeln und verzieren Lebkuchenherzen,
Kürbiskerne werden zu knusprigem Karamell
und mit viel Liebe gestalten wir unseren
ersten Adventskalender.

Pflaumenküchlein mit Kardamom

Ergibt 10 Stück

Für den Teig

- 300 g Pflaumen (Zwetschgen)
- 120 g brauner Zucker
- 150 g weiche Butter
- 1 Päckchen Vanillezucker
- 3 Eier, Größe M
- 50 g gemahlene Mandeln
- 100 g Mehl
- 1 TL Backpulver
- 1 TL Zimt
- ½ TL gemahlener Kardamom
- 1 EL Milch

Die Pflaumen entsteinen, in dünne Scheiben schneiden und mit 40 g Zucker vermischen. Den Backofen auf 200 °C Ober-und Unterhitze (Umluft 180 °C) vorheizen.

Die Butter mit dem restlichen Zucker und dem Vanillezucker schaumig schlagen. Nach und nach die Eier hinzugeben und die Masse cremig rühren.

Mandeln, Mehl, Backpulver, Zimt und Kardamom vermischen und unter die Eiermasse rühren. Zum Schluss noch die Milch einrühren.

Die Förmchen mit Butter einfetten und den Boden mit den Pflaumenscheiben auslegen. Den Teig gleichmäßig und vorsichtig darauf verteilen und die Küchlein 30 Minuten backen.

Die Pflaumenküchlein vollständig auskühlen lassen und erst dann vorsichtig aus den Backformen lösen.

Ausserdem

Muffins- oder ähnliche Backform, zum Beispiel Halbkugelform

MADE
WITH
LOVE

Feiner Pflaumenlikör

Ergibt ca. 1 bis 2 Liter

Für den Likör

2 kg Pflaumen (Zwetschgen)
1 Vanilleschote
600 g brauner Zucker
800 ml weißer Rum

Die Pflaumen waschen, entkernen, klein schneiden oder pürieren und in ein großes und hohes Gefäß geben.

Die Vanilleschote aufschneiden und dazugeben. Mit Zucker bestreuen und zum Schluss den Alkohol darüber gießen, bis alles bedeckt ist. Dieser Ansatz bleibt abgedeckt für 5 Wochen kühl stehen, wird aber einmal am Tag umgerührt.

Nach dieser Zeit wird der Pflaumenlikör mithilfe eines Trichters und einem Kaffeefilter oder feinem Sieb in heiß ausgespülte Flaschen gegossen.

Ausserdem

großes, hohes Gefäß
verschließbare Flaschen

Wenn mir mal die zündende Geschenkidee fehlt,
suche ich ein Rezept mit Zutaten heraus,
die die zu beschenkende Person sehr gerne mag,
und verschenke – wie hier das Glas –
ein schönes Utensil gleich mit dazu. Mona

Dies ist eine unglaublich leckere Nervennahrung.
Warum nicht mal in stressigen Zeiten
zur Arbeit mitbringen und
den Kollegen eine Freude machen?

Kürbiskern-Karamell

Ergibt 6 Stück

Für das Karamell

200 g Zucker
100 ml Wasser
120 g Kürbiskerne
3 EL Kürbiskernöl

Außerdem

Backpapier

Zucker und Wasser in einer Pfanne unter Rühren hellbraun karamellisieren lassen. Dann die Kürbiskerne und das Öl unter das Karamell rühren.

Das Karamell auf ein leicht mit Kürbiskernöl eingeöltes Backpapier glatt verteilen und auskühlen lassen, dann in 6 große Stücke brechen.

Fabelhafte Sahnebonbons

Ergibt ca. 35 bis 45 Stück

Für die Bonbons

130 g Zucker
20 ml Wasser
120 g Sahne
30 g Butter
1 TL Honig
1 Päckchen Vanillezucker
eventuell 10 Tropfen Lebensmittelfarbe

Den Zucker mit Wasser unter Rühren erhitzen, bis er ganz geschmolzen ist und gerade anfängt zu karamellisieren.

Die Sahne dazugeben und unter Rühren gut durchkochen. Zum Schluss Butter, Honig, Vanillezucker und eventuell Lebensmittelfarbe zufügen und die Masse so lange kochen, bis sie sich beim Rühren vom Boden löst. Dann ca. 3 Minuten unter Rühren weiterkochen.

Die Masse auf ein mit Backpapier ausgelegtes Backblech geben und etwas abkühlen lassen. Aus der Masse Rollen formen (ca. 30 x 2 cm) und die fast erkalteten Rollen in ca. 2 cm große Stücke schneiden und ganz abkühlen lassen.

Außerdem

Backblech
Backpapier

Diese Nascherei ist auch eine tolle Ergänzung fürs Candy-Buffet – nicht nur für die Kleinen.

Feigen-Crumble mit Zimt

Ergibt 4 bis 6 Portionen

Den Backofen auf 200 °C Ober- und Unterhitze (Umluft 180 °C) vorheizen. Die Auflaufform mit Butter ausstreichen.

Die Feigen waschen, putzen, klein schneiden und mit Zucker, Zimt und Zitronensaft mischen. Anschließend in der Auflaufform verteilen.

Haferflocken, braunen Zucker und Mehl vermischen und mit der Butter grob verkneten. Diese Mischung mit den Fingern zu Streuseln verreiben und über die Feigen streuen. Das Crumble 40 Minuten backen.

Für die Fruchtschicht

750 g Feigen
60 g Zucker
½ TL Zimt
1 EL Zitronensaft

Außerdem

1 Auflaufform
ca. 20 x 25 cm

Für die Streusel

100 g feine Haferflocken
90 g brauner Zucker
80 g Mehl
100 g weiche Butter

Ich liebe es, Marmelade selbst zu machen. Die Gärten meiner Mutter und Schwiegermutter (in Spe) liefern dazu die besten Zutaten. Mona

Birnen-Trauben-Konfitüre

Ergibt ca. 500 bis 700 g

Für die Konfitüre

300 g Birnen
200 g rote, kernlose Weintrauben
300 g Gelierzucker 2:1
1 Vanilleschote

Die Birnen schälen und die Kerngehäuse entfernen, die Weintrauben waschen. Die Früchte klein schneiden und grob pürieren.

Das Fruchtpüree mit dem Gelierzucker vermischen. Das Mark aus der Vanilleschote dazugeben und die Masse unter Rühren 10 Minuten kochen. Danach sofort randvoll in die heiß ausgespülten Gläser füllen, fest verschließen und 5 Minuten auf den Deckel gewendet stehen lassen.

Ausserdem

2 bis 3 Schraubgläser
à 250 ml

Ein schönes Vorratsglas eignet sich nicht nur für diese Plätzchen perfekt als Verpackung.

Apfel-Erdnuss-Hügel

Ergibt ca. 20 Stück

Für das Gebäck

2 Eiweiß
Salz
100 g Rohrzucker
50 g Erdnussbutter
50 g gehackte Erdnüsse
50 g feine Haferflocken
100 g Apfelstückchen

Außerdem

Backblech
Backpapier

Den Backofen auf 180 °C Ober- und Unterhitze (Umluft 160 °C) vorheizen.

Eiweiß mit einer Prise Salz sehr steif schlagen. Den Rohrzucker nach und nach unter ständigem Schlagen zufügen. Danach Erdnussbutter, Erdnüsse, Haferflocken und die Apfelstückchen unterheben.

Mit zwei Teelöffeln kleine Häufchen von der Teigmasse auf das mit Backpapier belegte Blech setzen und 20 bis 25 Minuten backen. Auskühlen lassen und vom Papier lösen.

Friesische Sanddornschnitten

Ergibt ca. 20 Stück

Den Backofen auf 170 °C Ober- und Unterhitze (Umluft 150 °C) vorheizen. Die Zitrone auspressen. Butter, Zucker und Vanillezucker mit 1 Prise Salz schaumig schlagen. Die Eier nach und nach unterrühren.

Mehl, Stärke und Backpulver mischen und mit ca. 40 ml Zitronensaft unter die Buttermasse kneten, bis ein glatter Teig entstanden ist. Den Teig auf das mit Backpapier belegte Backblech verteilen, den Backrahmen daraufsetzen und den Teig 20 Minuten backen, bis er goldgelb ist.

Den Kuchen dann ca. 30 Minuten auskühlen lassen. Danach mit der Konfitüre bestreichen. Zitronensaft, Eiweiß und Zucker verrühren, mit Kokosraspel mischen und auf der Konfitüre verstreichen. Den Kuchen jetzt noch einmal 10 Minuten bei 170 °C Ober- und Unterhitze (Umluft 150 °C) backen. Den Sanddornkuchen nach dem Auskühlen aus den Backrahmen lösen und in ca. 20 Stücke zu je 6 x 6 cm schneiden.

Für den Teig

1 Zitrone
250 g weiche Butter
200 g brauner Zucker
1 Päckchen Vanillezucker
Salz
5 Eier, Größe M
300 g Mehl
70 g Speisestärke
2 TL Backpulver

Für die Fruchtschicht

350 g Sanddornkonfitüre
50 ml Zitronensaft
2 Eiweiß
40 g Zucker
100 g Kokosraspel

Ausserdem

Backblech
Backrahmen, Größe wie Backblech
Backpapier

zum
Nikolaus

Spekulatius-schokolade mit Nüssen

Ergibt ca. 24 Stück

Für die Schokolade

200 g Spekulatius
100 g Butter
150 g Nüsse (z.B. Haselnüsse, Pistazien, Walnüsse, Mandeln)
160 g Sahne
300 g gehackte Zartbitterkuvertüre
½ TL Zimt
Mark 1 Vanilleschote

Die Spekulatius grob zerbröseln, 50 g Butter schmelzen und beides vermischen. Die Nüsse in einer Pfanne ohne Fett rösten, abkühlen lassen und in grobe Stücke hacken.

Die Sahne mit der restlichen Butter erwärmen, aber nicht kochen. Vom Herd nehmen, die Kuvertüre darin schmelzen und zu einer glatten Masse rühren. Anschließend Nüsse, Spekulatius, Zimt und Vanillemark unterheben.

Die Masse in eine kleine, mit Backpapier oder Frischhaltefolie ausgelegte Form geben, glatt streichen und für ca. 2 Stunden in den Kühlschrank stellen. Nach dem Aushärten aus der Form lösen und in ca. 24 (ca. 3 x 3 cm) Würfel schneiden.

Ausserdem

Auflaufform, ca 25 x 17 cm
Frischhaltefolie oder Backpapier

Meine Pistazienpralinen

Ergibt ca. 15 Stück

Die Kuvertüre nach Anleitung auf Seite 132 temperieren.

Marzipanrohmasse, Pistazienmark und Rum zu einer glatten Masse verarbeiten. Daraus mit den Händen kleine Kugeln formen und sie in die temperierte Zartbitterkuvertüre tauchen. Gleich danach in den gehackten Pistazien wälzen.

Für die Füllung

200 g Zartbitterkuvertüre
130 g Marzipanrohmasse
30 g Pistazienmark (Internet)
10 ml Rum

Für die Umhüllung

50 g gehackte Pistazien

Aus Alt mach Neu!
Eine ausgemusterte Keksdose kommt mit ein wenig Lack wieder zum glanzvollen Einsatz.

Zusammen mit einem schönen Brotkorb verschenkt, hat der Beschenkte noch lange was davon.

Beste Laugenbrezeln

Ergibt ca. 10 Stück

Für den Teig

- 20 g frische Hefe
- 250 ml Milch
- 1 TL Zucker
- 500 g Mehl
- 2 TL Salz
- 40 g Margarine

Für die Lauge

- 1 l Wasser
- 20-25 g Natron

Zum Bestreuen

- grobes Salz
- Sesamsamen

Ausserdem

- Backblech
- feuerfeste Schale

Die Hefe mit lauwarmer Milch, Zucker und etwas Mehl verrühren. Den Vorteig zugedeckt an einem warmen Ort ca. 15 Minuten gehen lassen.

Danach wird der Vorteig mit dem restlichem Mehl, Salz und Margarine zu einem elastischen Teig verarbeitet. Gründlich von Hand durchkneten und in etwa 10 gleich große Teile teilen und zu glatten Kugeln formen. Abgedeckt nochmal 20 Minuten ruhen lassen.

Aus jedem Teigstück einen ca. 20 cm langen Strang rollen und wieder 10 Minuten beiseite stellen.

Anschließend jeden Strang auf ca. 40 cm verlängern, mit einer Verdickung in der Mitte und dünn zulaufenden Enden. Daraus dann Brezeln schlingen und ein letztes Mal für 30 Minuten gehen lassen. Den Backofen auf 160 °C Umluft (Ober- und Unterhitze ist hier nicht geeignet) vorheizen. Eine feuerfeste Schale mit Wasser auf den Backofenboden stellen.

Für die Lauge das Wasser aufkochen und das Natron langsam einrieseln lassen und lösen. Die Brezeln einzeln für 20 Sekunden in das kochende Natronwasser geben, herausholen, abtropfen lassen und auf ein eingefettetes Blech legen. Die dicke Stelle etwas einschneiden, die Brezeln mit grobem Salz und Sesam bestreuen und 10 bis 15 Minuten goldbraun backen. Vom Blech nehmen und auskühlen lassen.

Lebkuchenherzen am Band

Ergibt ca. 10 Stück

Für den Lebkuchenteig Butter, Honig und Zucker in einem Topf erwärmen, bis sich der Zucker gelöst hat. Kakao und Gewürz einrühren und alles zu einer glatten Masse verarbeiten.

Nach dem Abkühlen Mehl und Backpulver auf die Buttermasse sieben und mit Salz und Ei zu einem festen Teig verkneten. Diesen zu einer festen Rolle formen und luftdicht in Frischhaltefolie gewickelt einen Tag bei Raumtemperatur ruhen lassen.

Am nächsten Tag den Backofen auf 200 °C Ober- und Unterhitze (Umluft 180 °C) vorheizen. Von der Teigrolle ca. 3 bis 4 cm dicke Scheiben abschneiden und 2 cm dick glatt ausrollen. Mit einem Ausstecher (mindestens 15 x 12 cm) oder mit einer selbstgemachten Schablone Herzen ausstechen oder ausschneiden und 10 Minuten auf einem mit Backpapier ausgelegten Backblech backen.

Für die Verzierung das Eiweiß mit Puderzucker schlagen, bis die Masse spritzfähig ist. Den Guss in einen kleinen Gefrierbeutel füllen, eine kleine Ecke abschneiden und mit vorsichtigem Druck auf die Masse die Herzen beschreiben und verzieren.

Ausserdem

Backblech mit -papier
Gefrierbeutel

Für den Teig

100 g Butter oder Margarine
390 g Honig
55 g Zucker
2 TL Kakaopulver
1 TL Lebkuchengewürz
360 g Mehl
½ TL Backpulver
1 Prise Salz
1 Ei, Größe M

Für das Dekor

1 Eiweiß
200 g Puderzucker

*Mit dem passenden Text
sind die Herzen
ein tolles Geschenk
für jeglichen Anlass.*

Eine große hübsche Tasse ist die ideale Verpackung für Pralinen, kleine Kekse oder Konfekt.

Dattel-Nuss-Konfekt

Ergibt ca. 20 Stück

Für den Teig

200 g Mehl
80 g brauner Zucker
1 Ei, Größe M
1 Prise Salz
100 g kalte Butter
50 ml Milch
50 g Zartbitter-kuvertüre
100 g Datteln ohne Stein
50 g gehackte Haselnüsse

Den Backofen auf 180 °C Ober- und Unterhitze (Umluft 160 °C) vorheizen. Mehl, Zucker, Ei, Salz und Butter zu einem krümeligen Teig rühren.

Die Milch erhitzen, vom Herd nehmen und die gehackte Kuvertüre darin schmelzen. Die Schokoladenmilch abkühlen lassen.

Die Datteln grob hacken und mit Schokoladenmilch und Nüssen unter den Teig heben. Mit zwei Teelöffeln 40 kleine, runde Häufchen (ca. 3 cm) mit genügend Abstand zueinander auf ein mit Backpapier belegtes Blech setzen und 8 Minuten backen.

Die Plätzchen abkühlen lassen. Den Nougat cremig schlagen (das geht am besten in der Küchenmaschine mit grober Rute) und je 2 Plätzchen mit etwas Nougat zusammensetzen.

Für die Füllung

100 g Nougat

Außerdem

Backblech
Backpapier

Haferflocken-Zimt-Knusperli

Ergibt ca. 20 Stück

Den Backofen auf 200 °C Ober- und Unterhitze (Umluft 180 °C) vorheizen. Eiweiß mit Puderzucker und Salz leicht steif schlagen. Die Butter schmelzen und leicht abgekühlt mit Honig, Haselnüssen, Haferflocken und Zimt unterheben.

Die Masse auf ein mit Backpapier belegtes Backblech streichen und 10 bis 15 Minuten backen. Das Blech aus dem Ofen nehmen und den Teig 15 Minuten abkühlen lassen. Dann erneut bei 170 °C Ober- und Unterhitze (Umluft 150 °C) 10 Minuten backen.

Nach dem Abkühlen vom Papier lösen und in Stücke brechen.

Für den Teig

2 Eiweiß
80 g Puderzucker
1 Prise Salz
50 g Butter
20 g Honig
70 g gemahlene Haselnüsse
50 g feine Haferflocken
½ TL Zimt

Außerdem

Backblech
Backpapier

für Dich

Mit einer Holzschachtel aus dem Bastelladen und aufgespritzten Zahlen ist im Nu ein besonders leckerer Adventskalender hergestellt.

Cointreau-Pralinen-Adventskalender

Ergibt ca. 24 bis 30 Stück

Marzipan, Likör, Orangenpulver und -schale mischen und glatt verkneten. Die Masse gleichmäßig 2 cm dick zwischen zwei Lagen Backpapier ausrollen und in 2 x 2 cm große Würfel schneiden. Die Marzipanstückchen am besten über Nacht bei Raumtemperatur stehen lassen (mindestens für 3 Stunden).

Am nächsten Tag die Kuvertüre nach der Anleitung auf Seite 132 temperieren. Die Marzipanwürfel einzeln ca. 1,5 cm tief in die temperierte Zartbitterkuvertüre eintauchen und auf Backpapier absetzen.

Mit der restlichen Kuvertüre und einer selbstgedrehten, kleinen Tüte aus Backpapier die Zahlen 1 bis 24 auf die Pralinen spritzen.

Für die Pralinen

300 g Marzipanrohmasse
10 ml Cointreau (Orangenlikör)
2 TL Orangenpulver (Internet) oder 1 Päckchen Orangenzucker (gut sortierte Supermärkte)
1 TL abgeriebene Orangenschale

Zum Eintauchen

100 g Zartbitterkuvertüre

Außerdem

Backpapier

Schnelle Stollenknödel

Ergibt ca. 7 Stück

Die Brötchen in sehr kleine Stücke schneiden, den Stollen zerbröseln und dazu geben. Die Orangenschale mit Milch lauwarm erhitzen und mit den Eiern verquirlen. Die Eiermilch über Brötchen und Stollen gießen und 15 Minuten ziehen lassen.

In einem großen Topf gesalzenes Wasser aufkochen. Die Brötchen-Milch-Mischung mit Semmelbrösel, Zimt und Zucker zu einer gleichmäßigen Masse verkneten und daraus 7 Knödel (ca. 100 g pro Knödel) formen. Die Knödel ins kochende Wasser geben und bei mittlerer Hitze 15 bis 20 Minuten gar ziehen lassen.

Für das Dekor Zucker und Zimt auf einem flachen Teller mischen. Die Knödel kurz abtropfen lassen und im Zimtzucker wälzen.

Für die Vanillesauce das Puddingpulver mit 3 EL Milch verrühren. Die restliche Milch mit Zucker zum Kochen bringen, vom Herd nehmen und das angerührte Puddingpulver einrühren. Unter ständigem Rühren noch einmal zum Kochen bringen und dann abkühlen lassen. Die Knödel mit Vanillesauce servieren.

Für den Teig

150 g Brötchen vom Vortag
250 g Christstollen
2 TL Orangenschale
150 ml Milch
2 Eier, Größe M
Salz
40 g Semmelbrösel
½ TL Zimt
50 g Zucker

Für die Sauce

15 g Vanillepuddingpulver
200 ml Milch
20 g Zucker
(oder 200 ml fertige Vanillesauce)

Für das Dekor

100 g Zucker
3 TL Zimt

*Ein altes Familienrezept,
das gerne auch für die Stollenreste
im Januar hergenommen wird.*

Winter

Eine gute Zeit, um Freunde zu sehen. Aromatischen Gewürztee und himmlische Minitörtchen haben wir dabei. Beim Rodelausflug darf der Ingwerpunsch nicht fehlen und zum Valentinstag werden zarte Herzen gebacken.

Gefüllte Mini-Berliner

Ergibt 30 Stück

Für den Teig

125 ml Milch
100 g Butter
500 g Weizenmehl
1 Päckchen Trockenbackhefe
40 g Zucker
1 Päckchen Vanillezucker
1 TL Rum
1 Prise Salz
2 Eier, Größe M
1 Eigelb

Für Füllung und Dekor

100 g Zucker
300 g Konfitüre

Zum Frittieren

1 l Öl

Die Milch leicht erwärmen und darin die Butter zerlassen. Das Mehl mit der Hefe vermischen und alle Zutaten für den Teig hinzufügen. Alles ca. 5 Minuten zu einem glatten Teig verarbeiten. Den Teig zugedeckt an einem warmen Ort gehen lassen, bis er sich sichtbar vergrößert hat (ca. 30 Minuten). In der Zwischenzeit das Fett zum Frittieren erhitzen (ca. 175 °C).

Den Teig mit etwas Mehl auf der Arbeitsfläche nochmals kurz durchkneten, dann in 30 gleich große Stücke (je ca. 25 g) teilen und diese zu glatten Bällen rollen. Darauf achten, dass der Teig keine Risse hat. Nochmals ca. 30 Minuten gehen lassen, bis sich der Teig wieder sichtbar vergrößert hat.

Die Teigbälle nacheinander im Fett goldbraun backen, zwischendurch wenden. Herausnehmen und auf Küchenpapier abtropfen lassen. Die Berliner noch heiß in Zucker wenden und dann erkalten lassen.

Die Konfitüre durch ein Sieb streichen, glatt rühren und in einen Spritzbeutel mit Lochtülle füllen. Die ausgekühlten Berliner seitlich durch den hellen Rand füllen.

Außerdem

Fritteuse oder Topf
Spritzbeutel mit Lochtülle

Mit einem schönen Blumentopf und etwas Zeitungspapier zaubern Sie schnell eine tolle Verpackung. Durch die Zubereitung im Ofen ist dies übrigens eine kalorienarme Version von Chips.

Süßkartoffel-Chips

Ergibt ca. 100 g

Den Backofen auf 200 °C Ober- und Unterhitze (Umluft 180 °C) vorheizen. Die Süßkartoffel waschen und sehr fein schneiden, die Scheiben sollen etwa 1 bis 2 mm dick sein.

Die Scheiben mit Olivenöl beträufeln. Grobes Salz durch eine Salzmühle darüber streuen, Koriander und Pfeffer vermischen und ebenfalls auf die Kartoffelscheiben streuen. Die Scheiben nebeneinander auf das mit Backpapier belegte Blech legen und 10 bis 20 Minuten rösten, bis sie goldbraun sind. Vorsicht, die Chips können schnell verbrennen!

Abkühlen lassen und möglichst sofort verzehren. Oder luftdicht verschließen. Wenn die Chips nicht am gleichen Tag verzehrt werden, müssen sie noch einmal kurz vor Verzehr in den Ofen. Dafür bei 170 °C Ober- und Unterhitze (Umluft 150 °C) 5 bis 10 Minuten rösten, bis sie wieder knusprig sind.

Für die Chips

- 1 Süßkartoffel
- 1-2 EL Olivenöl
- 1 TL grobes Salz
- 1 TL gemahlenen Koriander
- ½ TL frisch gemahlener Pfeffer

Außerdem

- Backblech
- Backpapier

Mandelkräcker

Ergibt ca. 25 Stück

Den Backofen auf 200 °C Ober- und Unterhitze (Umluft 180 °C) vorheizen. Eiweiß mit etwas Salz steif schlagen, dabei Zucker und Vanillezucker einrieseln lassen.

Mehl und Backpulver sieben und mischen, die Mandeln unterheben und alles unter den Eischnee heben. Mit dem Likör verfeinern. Den Teig in eine mit Backpapier ausgelegte Kastenform füllen und 40 Minuten backen.

Nach dem Auskühlen aus der Form nehmen und mit einem scharfen Sägemesser in ca. 5 mm dünne Scheiben schneiden. Die Scheiben auf ein mit Backpapier belegtes Blech legen und bei 160 °C Umluft (Ober- und Unterhitze ist nicht geeignet) 15 Minuten backen, auskühlen lassen und luftdicht verschlossen aufbewahren.

Für den Teig

3 Eiweiß
1 Prise Salz
80 g Zucker
1 Päckchen Vanillezucker
140 g Mehl
1 TL Backpulver
100 g ganze Mandeln, ohne Haut
1 EL Mandellikör (zum Beispiel Amaretto)

Außerdem

Kastenform (ca. 24 x 10 cm)
Backblech
Backpapier

GESCHENKT

Für besondere Anlässe kann man diese kleinen Prunkstückchen auch mit Blattgold verzieren.

Amaretto-Minitörtchen

Ergibt 8 Stück

Zuerst wird der für die Füllung benötigte Pudding vorbereitet. Dafür den Vanillepudding wie auf der Packung beschrieben zubereiten.

Den Backofen auf 170 °C Ober- und Unterhitze (Umluft 150 °C) vorheizen. Für den Teig Butter, Zucker, Vanillezucker und Salz schaumig rühren. Die Eier nacheinander unterrühren.

Mehl, Stärke und Backpulver mischen, sieben und unterrühren. Den Teig auf ein mit Backpapier belegtes Backblech geben, gleichmäßig glatt streichen und 15 bis 20 Minuten goldbraun backen.

Aus dem Teig nach dem Auskühlen mit den Backringen 8 Kreise ausstechen, die den Boden in jedem Backring bilden. Das Amarettini-Gebäck grob zerbröseln und auf die Böden geben.

Die Gelatineblätter in kaltem Wasser einweichen (ca. 5 Minuten), dann leicht ausdrücken und über einem Wasserbad unter ständigem Rühren auflösen.

Quark, 100 g von dem abgekühlten Vanillepudding und Amaretto mischen, verrühren und unter die aufgelöste Gelatine ziehen.

Die Sahne steif schlagen, den Zucker dabei einrieseln lassen und die Gelatinemasse unter die Sahne heben. Mit Hilfe eines Spritzbeutels in die Backringe füllen.

Die Minitörtchen über Nacht in den Kühlschrank stellen und am nächsten Tag aus den Backringen lösen (mit dem dazugehörigen Stempel oder mit einem erwärmten Messer an der Innenseite entlangfahren und den Backring vorsichtig entfernen). Nach Belieben mit Schokospänen verzieren.

Für den Teig

150 g Butter
150 g Zucker
1 Päckchen Vanillezucker
1 Prise Salz
3 Eier, Größe M
180 g Mehl
40 g Speisestärke
1 ½ TL Backpulver

Für die Füllung

1 Päckchen Vanillepuddingpulver
80 g Amarettini-Gebäck
4 Blatt Gelatine
150 g Quark (40 % Fett i.Tr.)
50 ml Amaretto
200 g Sahne
60 g Zucker

Ausserdem

Backblech
Backpapier
8 Backringe, 8 cm Durchmesser, 7 cm Höhe

Indische Gewürzteemischung

Ergibt 4 Portionen

Kardamomsamen, Pfefferkörner und Nelken mit einem Mörser fein zermahlen. Die Zimtstangen klein brechen. Alle Zutaten gut miteinander vermischen und in Teebeutel füllen.

Und so wird der Tee aufgegossen

Einen Teebeutel mit ca. 250 ml kochendem Wasser aufgießen und je nach Geschmack ca. 7 Minuten ziehen lassen. Den Beutel entfernen und den Tee eventuell mit Milch verfeinern. Nach Belieben süßen. Für koffeinfreien Yogi-Tee einfach nur den schwarzen Tee weglassen.

Für den Tee

32 Samen aus grünen Kardamomkapseln
28 schwarze Pfefferkörner
24 Gewürznelken
4 Zimtstangen
2 TL geriebene Ingwerwurzel
2 TL schwarzer Tee

Ausserdem

Mörser
Teebeutel

*Mit selbst gebastelten
Tee-Etiketten ein schnell
hergestelltes und köstliches
Geschenk.*

Feincremiger Marzipanschaum

Ergibt 4 Portionen

Für die Creme

150 g Sahne
2 Päckchen Vanille-zucker
50 g Marzipanrohmasse
8 cl Amaretto
250 g Mascarpone

Die Sahne mit Vanillezucker gut schaumig schlagen. Die Marzipanrohmasse mit Amaretto zu einer glatten Masse verkneten und mit dem Mascarpone glatt verrühren.

Die Mascarponecreme unter die Sahne heben und auf 4 Gläser verteilen. Mit Amarettinibröseln verzieren.

Für das Dekor

4 grob zerbröselte Amarettini-Kekse

Ingwerpunsch mit Orange

Ergibt 600 ml

Den Ingwer in dünne Scheiben schneiden. Eine Orange auspressen, die andere in Scheiben schneiden. Die Äpfel dünn abschälen.

Das Wasser mit Ingwerscheiben, Sternanis, Kardamom, Orangensaft, Orangenscheiben und Apfelschalen aufkochen. Vom Herd nehmen und den heißen Punsch auf 4 Gläser verteilen und nach Geschmack süßen.

Für den Punsch

80 g frischer Ingwer
2 Bio-Orangen
2 Äpfel
500 ml Wasser
2 Sternanis
2 Kardamomsamen aus grüner Kapsel
Honig oder brauner Zucker

Wer mag, kann Wasser und Orangensaft durch Weißwein und Orangenlikör ersetzen.

Kandierte Walnussberge

Ergibt ca. 30 Stück

Für die Nüsse

130 g brauner Zucker
1 Päckchen Vanillezucker
30 g Wasser

200 g halbierte Walnusskerne

Den braunen und den Vanillezucker mit Wasser zum Kochen bringen und die Nüsse dazugeben. Unter ständigem Rühren mit einem Holzlöffel bei mittlerer Hitze den Zucker karamellisieren lassen, bis die Nüsse umhüllt von goldbraunem Zucker sind und kein Zucker mehr auf dem Boden zu sehen ist.

Jeweils ca. 3 Nüsse zu kleinen Bergen zusammensetzen und auf einem mit Backpapier belegten Blech auskühlen lassen.

Die Kuvertüre nach der Anleitung auf Seite 132 temperieren. Nach dem Abkühlen die Nussberge mit der Unterseite in die Kuvertüre eintauchen und auf Backpapier aushärten lassen.

Zum Eintauchen

150 g Zartbitterkuvertüre

Ausserdem

Backblech
Backpapier

Kleine Amerikaner

Ergibt ca. 20 Stück

Für den Teig

80 g weiche Butter oder Margarine
60 g Zucker
1 Päckchen Vanillezucker
1 Prise Salz
2 Eier, Größe M
1 TL abgeriebene Zitronenschale
2 Tropfen Zitronenaroma
250 g Mehl
1 Päckchen Backpulver
100 ml Milch

Für den Guss

200 g Puderzucker
3 EL Zitronensaft
evtl. Zuckerstreusel

Zum Bestreichen

2 EL Milch

Außerdem

Backblech
Backpapier
Spritzbeutel mit Lochtülle

Den Backofen auf 180 °C Ober- und Unterhitze (Umluft 160 °C) vorheizen. Die Butter geschmeidig rühren. Zucker, Vanillezucker und Salz einrieseln lassen. Die Eier nach und nach unterschlagen. Zitronenschale und -aroma unterheben. Mehl mit Backpulver mischen und abwechselnd mit der Milch unterrühren.

Den Teig in einen Spritzbeutel füllen, ca. 20 Teighäufchen auf ein mit Backpapier belegtes Backblech spritzen und ca. 20 Minuten backen. Nach etwa 15 Minuten Backzeit die Oberfläche mit Milch bestreichen.

Für den Guss den Puderzucker sieben und mit dem Zitronensaft zu einem dickflüssigen Guss verrühren. Die noch warmen Amerikaner auf der Unterseite damit bestreichen und nach Belieben verzieren. Danach auskühlen und aushärten lassen.

Champagnertrüffel

Ergibt ca. 30 Stück

Die Kuvertüren für die Trüffel zerhacken und in eine Schüssel geben. Die Sahne aufkochen, vom Herd nehmen und die Kuvertüren langsam darin schmelzen, den Champagner zugeben und alles zu einer glatten Masse rühren (aber nicht aufschlagen). Die Masse über Nacht in einer flachen Form im Gefrierfach erkalten lassen.

Die Kuvertüre für das Dekor nach der Anleitung auf Seite 132 temperieren.

Die erhärtete Trüffelmasse mit einem Messer in ca. 30 kleine Würfel schneiden und jeden Würfel mit etwas Süßem Schnee mit den Händen zu einer Kugel formen.

Die Kugel mithilfe einer Gabel in die temperierte Kuvertüre tauchen, im restlichen Süßen Schnee wälzen und aushärten lassen. (Das Besondere am Süßen Schnee ist der unvergleichliche Schmelz und die bessere Beständigkeit im Vergleich zum Puderzucker.)

Für die Trüffel

100 g Zartbitterkuvertüre
200 g weiße Kuvertüre
40 g Sahne
40 ml Champagner (alternativ Sekt)

Für das Dekor

100 g weiße Kuvertüre
100 g Süßer Schnee (das ist ein spezieller Puderzucker, den man gut über den Internethandel bekommt)

Außerdem

flache Form

Prost

VIEL
SPASS

Mutzenmandeln

Ergibt ca. 50 bis 60 Stück

Für den Teig

- 1 Ei, Größe M
- 80 g Puderzucker
- 1 Prise Salz
- 150 g Mehl
- 1 TL Backpulver
- 80 g weiche Butter
- 20 g gemahlene Mandeln
- 1 TL Rum
- 1 l Öl

Zum Bestäuben

- 10 g Puderzucker

Ausserdem

- Frischhaltefolie
- Fritteuse oder Topf
- Mutzenmandelform oder 2 Teelöffel

Das Ei mit Puderzucker und Salz schaumig schlagen. Mehl mit Backpulver vermischen und unter die Masse rühren. Dann Butter, Mandeln und Rum dazugeben und zu einem glatten Teig verkneten. Den Teig in Folie wickeln und für ca. 2 Stunden kühl stellen.

Den Teig auf einer bemehlten Arbeitsplatte knapp 1 cm dick und länglich (am besten orientiert man sich dazu an der Ausstechform) ausrollen. Dabei immer wieder mit Mehl bestäuben. Die Mutzenmandeln ausstechen und die Teigmandeln aus der Form drücken (falls keine Form vorliegt, kann man auch mit 2 Teelöffeln Mutzen ausstechen).

Das Öl erhitzen (ca. 175 °C) und die Mutzen portionsweise vorsichtig ins Fett gleiten lassen. Gelegentlich wenden und ca. 4 bis 5 Minuten gleichmäßig goldbraun frittieren. Nach dem Herausnehmen auf Küchenpapier abtropfen lassen und mit Puderzucker bestäuben.

Rosarote Liebesherzen

Ergibt ca. 30 Stück

Für die Baisermasse

3 Eiweiß, Größe M
100 g Zucker
5 Tropfen rote Lebensmittelfarbe
100 g Puderzucker

Für die Creme

200 g weiße Kuvertüre
100 g Sahne
50 g rote Konfitüre „Sanft", püriert und ohne Steinchen

Den Backofen auf 120 °C Ober- und Unterhitze (Umluft 100 °C) vorheizen. Eiweiß steif schlagen und dabei den Zucker einrieseln lassen. Die rote Lebensmittelfarbe dazugeben und weiterschlagen, bis das Eiweiß sehr steif ist.

Den Puderzucker sieben und behutsam unterheben. Die Masse in einen Spritzbeutel mit mittlerer Lochtülle füllen, 60 kleine tropfenförmige Tupfen auf ein mit Backpapier belegtes Blech spritzen und da. 1 Stunde backen, dann abkühlen lassen.

In der Zwischenzeit die Kuvertüre klein hacken. Die Sahne mit der Konfitüre aufkochen, den Topf vom Herd nehmen und die Kuvertüre nach und nach unter die Sahne rühren und darin schmelzen lassen. Die Masse abkühlen lassen.

Die Kuvertüren-Sahne-Mischung kurz, aber kräftig cremig rühren, dann in einen Spritzbeutel füllen und jeweils etwas Creme auf die Unterseite der Hälfte der Baisertropfen spritzen. Jeweils zwei gut zusammenpassende Tropfen so zusammenfügen, dass sie kleine Herzen bilden.

Ausserdem

Backblech
Backpapier
Spritzbeutel mit Lochtülle

Nicht gut temperierte Kuvertüre wird streifig oder matt, schmeckt aber trotzdem gut. Zeigt die Probe, dass die Kuvertüre nicht optimal ausschaut, kann man sich ganz einfach helfen: Wälzen sie das mit Kuvertüre umhüllte Produkt, zum Beispiel die Praline, gleich nach dem Überziehen in Schoko-, Mandel- oder Kokosraspel, so sieht man die kleinen Schönheitsfehler nicht.

So wird die Kuvertüre schön

Damit man den seidigen Glanz und das „Knack-Geräusch“ der Schokolade erhält, muss Kuvertüre nach einer bestimmten Temperaturkurve abgekühlt werden – sie wird temperiert. Die verbreiteste Methode ist das Impfen.

Sie benötigen

Metallschüssel und Wasserbad
Küchenthermometer

1 Die Kuvertüre fein hacken oder reiben.

2 ¾ der Kuvertüre in eine Metallschüssel geben und über ein Wasserbad stellen.

3 Die Kuvertüre unter ständigem Rühren schmelzen, bis sie 40 bis 45 °C warm ist, dann vom Herd nehmen.

4 Jetzt wird portionsweise das restliche ¼ der Kuvertüre in die geschmolzene Kuvertüre eingerührt, bis sie auf 27 bis 28 °C abgekühlt ist.

5 Nun wird die Kuvertüre wieder langsam unter Rühren über dem Wasserbad erwärmt
- weiße Kuvertüre auf 29 °C
- Vollmilchkuvertüre auf 31 °C
- Zartbitterkuvertüre auf 32 °C

6 Dann wird die Kuvertüre nach Rezept verwendet.

Am besten ist es, eine **PROBE** zu machen: Dafür lässt man an einer Messerspitze etwas Kuvertüre aushärten. Ist die Kuvertüre streifig, sind die Bestandteile noch nicht vollständig vermischt. Ist sie matt, ist die Kuvertüre zu kalt. Wird sie nicht fest, ist sie zu warm. Entweder erwärmt man die Masse dann nochmals unter Rühren über dem Wasserbad oder gibt noch etwas feste Kuvertüre hinzu.

Das Team
bei der Arbeit

Ich

möchte mich bedanken bei allen, mit denen ich zusammengearbeitet habe, für das mir entgegengebrachte Vertrauen und die unendliche Geduld. Mit dem Verlag Bassermann Inspiration (Random House) konnten wir wieder ein großartiges Buch verwirklichen.

Danke an meinen Chef und Ausbilder, der mir die Möglichkeit gab für dieses und andere Projekte. Meiner Oma danke ich dafür, dass ich durch sie erst die Liebe zum Backen entdeckt habe.

Vor allem möchte ich denen danken, die mich zu Hause unterstützt haben: meiner Mam und meinem Dad, meinen Schwesterherzen, meinem „Schönen" und den besten Freunden der Welt. Danke für euer Verständnis, für die liebevolle Unterstützung, für den Zuspruch und dafür, dass ihr mich so liebt wie ich bin und dass ihr immer an mich glaubt. Ihr vervollständigt mich und durch euch werde ich inspiriert!

DANKE, eure

Luisa

Danke,

an meine Eltern, dass ich das werden durfte, was ich immer wollte,
an meine Oma, die in mir die Liebe zum Backen weckte,
an meinen Opa „Anja", der mir als Konditor wahrscheinlich ein wenig Talent schenkte,
an Maik, für die Schulter, die Hilfe und das „Immer-an-mich-glauben",
an meine Assistentin Kristina, für die großartige Unterstützung und Bereicherung der Aufnahmen,
an meinen Studio-Partner Daniel Möller, für sein Verständnis, das Ertragen des Chaos im Studio und die unglaublich gute Partnerschaft,
und natürlich an Bassermann Inspiration (Random House), die uns mit Rat und Tat zur Seite standen und wieder ein tolles Buch gezaubert haben.

Mona

Register

1. Auflage

978-3-572-08134-9

©2014 by Bassermann Inspiration, einem Unternehmen der Verlagsgruppe Random House GmbH, 81673 München

Die Verwertung der Texte und Bilder, auch auszugsweise, ist ohne Zustimmung des Verlags urheberrechtswidrig und strafbar. Dies gilt auch für Vervielfältigungen, Übersetzungen, Mikroverfilmung und für die Verarbeitung mit elektronischen Systemen.

Umschlaggestaltung: Atelier Versen, Bad Aibling
Gestaltung: Ortrud Müller – Die Buchmacher, Köln
Fotos: Mona Binner, Hannover
Fotografische Assistenz: Kristina Geisel, Hannover
Autorenportraits: Daniel Möller (www.fotodanielmoeller.de), Hannover
Foodstyling: Luisa Marschall
Propstyling: Mona Binner, mit großem Dank für die tatkräftige Unterstützung von Stylistin Meike Stüber, Hamburg (www.meikestueber.blogspot.de) und das Café „Glücksmoment“, Hannover (www.gluecksmoment-cafe.de) für die Leihgabe von Requisiten

Bildredaktion: Sabine Kestler
Herstellung: Elke Cramer
Projektleitung: Anja Halveland

Die Ratschläge in diesem Buch sind von den Autorinnen und vom Verlag sorgfältig erwogen und geprüft, dennoch kann eine Garantie nicht übernommen werden. Eine Haftung der Autorinnen bzw. des Verlags und seiner Beauftragten für Personen-, Sach- und Vermögensschäden ist ausgeschlossen.

Satz: Ortrud Müller – Die Buchmacher, Köln
Reproduktion: Regg Media GmbH, München
Druck und Verarbeitung: Mohn Media Mohndruck GmbH, Gütersloh
Printed in Germany

MIX
Papier aus verantwortungsvollen Quellen
FSC® C011124

Verlagsgruppe Random House FSC® N001967
Das für dieses Buch verwendete FSC®-zertifizierte Papier Profisilk wurde produziert von Sappi Stockstadt.

hand made